Fabio Verna

Presidente del Comitato promotore
"Una Banca per il Cinema"

Nuovi strumenti finanziari per il cinema italiano

Settima arte e finanza strutturata: un connubio vincente

Fabio Verna

Nuovi strumenti finanziari per il cinema italiano.

Settima arte e finanza strutturata: un connubio vincente

© 2008 Fabio Verna

Copertina: progetto grafico Ver-Fin

ISBN:
978 – 1 – 84799 – 518 – 6

Finito di stampare nel mese di gennaio 2008
Stampato e distribuito da:
Lulu Press, Inc.
860 Aviation Parkway, Suite 300
Morrisville, North Carolina 27560
U.S.A.

http://www.lulu.com

Proprietà letteraria riservata.
È vietata la riproduzione, anche parziale, con qualsiasi mezzo effettuata, compresa la fotocopia, anche a uso interno o didattico, senza l'esplicita autorizzazione dell'Autore.

Indice del volume

Prefazione a cura di Emiliano Ippoliti   7

Introduzione. *Industria cinematografica - sistema finanziario: verso un nuovo modello di business*   9

Capitolo 1. Lo scenario internazionale del Sistema Cinema   17

1.1. Il cinema italiano: uno sguardo alle dinamiche contemporanee   17

1.2. Gli andamenti del mercato cinematografico in Italia e all'estero.   19

   1.2.1. Il panorama contemporaneo sulle majors Americane.   19

1.3. L'industria cinematografica italiana: alcune proposte per il rilancio del settore.   21

Capitolo 2. Il progetto "Una Banca per il cinema"   25

2.1. Il Comitato Promotore del progetto.   25

2.2. Prospettive per il futuro: la tavola rotonda.   26

2.3. Gli strumenti finanziari: la leva della cartolarizzazione.   28

2.4. I mezzi di comunicazione coinvolti nella promozione e nella divulgazione del progetto.   30

Capitolo 3. L'Attuale assetto legislativo e l'introduzione del Tax Shelter   35

3.1. Due proposte di legge per il rilancio dell'indu-stria cinema-   35 tografica in Italia

3.1.1. Dall'assistenzialismo statale alla logica di mercato: le condizioni per lo sviluppo di un'in-dustria culturale — 36

3.1.2. Agevolazioni fiscali e contributi a sostegno del cinema: l'applicazione del "tax-shelter" in Italia — 39

3.2. Alcuni casi di agevolazione fiscale per l'industria cinematografica all'estero. — 41

3.3. Il panorama nazionale contemporaneo: le condizioni per il rilancio del settore cinematografico. — 44

3.4. Una nuova frontiera: il passaggio al digitale. — 46

Capitolo 4. Il Fondo Unico per lo spettacolo — 49
4.1. Punti di forza — 49

Bibliografia — 59

Emerografia — 64

Webgrafia — 66

Prefazione

In questo testo Fabio Verna, economista con una grande esperienza maturata sui mercati finanziari, attualmente Presidente del Comitato Promotore "Una banca per il cinema", offre un'analisi di rilievo della correlazione tra sistema finanziario e industria cinematografica, discutendone le dinamiche nazionali in riferimento a quelle internazionali, più consolidate e variegate, e toccando i vari aspetti nodali, non ultimi quelli legati alla comunicazione. L'esperienza internazionale, da cui Verna proviene, mostra che esiste un crescente e sempre più stretto rapporto tra mondo della finanza e settima arte e che questo legame può e deve essere rinsaldato e raffinato.

L'industria cinematografica, infatti, si è andata dotando di una serie di strumenti finanziari che le hanno permesso di superare vincoli e limiti di varia natura e di sviluppare - in parte e talvolta anche per intero - progetti che prima potevano non arrivare alle direzioni delle case produttrici. E che hanno avuto poi grande riscontro presso il pubblico. Un corretto uso del sistema finanziario ha dunque contribuito alla realizzazione di prodotti indipendenti e ad aumentare la competitività nell'intero settore.

Le modalità di finanziamento di un prodotto del settore audiovisivo possono assumere diverse forme. Il testo richiama la leva finanziaria della cartolarizzazione, di cui Verna è un vero e proprio pioniere in Italia, la quale sembra quella più compatibile con l'attuale assetto socio-economico italiano, e anche quella più comprovata dall'esperienza internazionale. Cartolarizzare incassi futuri e diritti è uno strumento che si è rivelato in grado di attirare e convogliare anche rilevanti flussi di denaro verso un progetto cinematografico. L'incentivazione fiscale, il tax-shelter di cui nel testo si dà conto, è un altro volano in grado di innescare circoli economici virtuosi: la defiscalizzazione d'investimenti nel settore cinematografico è infatti in uso già da molti anni in quasi cinquanta paesi nel mondo.

Ovviamente esistono anche altre forme di funding di prodotti audiovisivi, non ultima la modalità che sfrutta internet per raccogliere fondi sufficienti per lo start-up.

Il testo mostra dunque come il finanziamento di un film sia molto di più di una semplice scommessa, o un azzardo, ma come questa attività si configuri a sua volta come un'arte, che ha le sue proprie tecniche, regole e ragioni che sono spesso in armonia con quelli dell'arte vera e propria che intende sorreggere.

Emiliano Ippoliti

Introduzione

Industria cinematografica - sistema finanziario: verso un nuovo modello di business.

Questo breve testo analizza il rapporto tra la finanza e l'industria cinematografica tentando di approfondire, ove possibile, tutte le sue implicazioni attuali, non limitandosi solo all'aspetto culturale o ludico, ma tenendo contro soprattutto di quelli finanziari, economici e produttivi. Si tratta, nel rispetto delle reciproche competenze e definendo precisi confini, d'instaurare nuovi e dinamici rapporti tra questi due mondi: il cinema, quale settima arte, e il sistema finanziario idoneo a sostenerlo. Il tutto tentando d'instaurare un dialogo sulle opportunità e sui rischi sostenibili dai vari soggetti che contribuiscono alla realizzazione di un prodotto finalizzato al mercato dell'audiovisivo.

I cambiamenti che hanno investito il mercato cinematografico impongono oggi più che mai un ripensamento profondo del suo modello di business e del suo processo produttivo, partendo dalla fase che precede la produzione in senso stretto fino a quella della distribuzione del prodotto, comprendendo anche le ulteriori possibilità di commercializzazione.

Le esigenze finanziarie dell'industria cinematografica vanno quindi inscritte in un nuovo scenario, sia esso produttivo che di mercato. Prendendo le mosse dalle diverse criticità del settore, la mia analisi tenterà di fare luce sui rapporti tra cinema e finanza, individuando, nelle conclusioni, alcune possibili soluzioni.

A tal fine ho ritenuto opportuno suddividere il presente elaborato in tre parti: nella prima analizzerò lo stato dell'arte del settore, nella seconda proporrò la descrizione di un progetto concreto, "Una Banca per il Cinema", mentre nell'ultima tenterò di sottoporre talune proposte innovative.

Il mercato cinematografico, secondo un approccio sia macro sia micro-economico, valuta il suo processo produttivo ponendo particolare attenzione alle seguenti voci:

- costi e ricavi legati alla produzione delle singole pellicole cinematografiche;

- la contabilità e le politiche di bilancio delle imprese del cinema, nonché delle scelte fiscali che hanno riflessi sulla redditività dei progetti e delle produzioni, in maniera similare a tutte le altre attività a connotazione industriale.

- le possibili alternative di *funding* per le imprese cinematografiche, in corretto mix tra finanziamenti pubblici e investimenti privati con la connessa gestione dei rischi finanziari e delle particolari competenze legali e contrattuali.

Lo scenario attuale è piuttosto chiaro anche se in pieno divenire. L'introduzione in Italia della *tax-shelter*[1] rimane ferma. Il FUS[2] (Fondo Unico per lo Spettacolo) sta per essere ridotto con

---

[1] E' una forma di defiscalizzazione degli investimenti. E' un modo di ridurre il reddito imponibile mediante una riduzione dei pagamenti d'imposta. La metodologia può variare a seconda delle leggi internazionali e fiscali.
[2] Meccanismo utilizzato dal Governo italiano per regolare l'intervento pubblico nei settori del mondo dello spettacolo (cinema, teatro, musica) – *Salvemini S. (a cura di), Il cinema impresa possibile*, Egea, Milano 2002.

l'entrata in vigore della finanziaria 2007. La legge dell'ex-Ministro Urbani del 2004[3] richiede un'attenta revisione, tale da renderla più semplice. D'altro canto la Festa del Cinema[4] organizzata dal Sindaco di Roma, Veltroni, ha avuto risultati rimarchevoli. Il mondo del cinema nel nostro paese sta vivendo una fase di profondo riassetto. Strutture e identità del cinema italiano si confrontano con tutta una serie di grandi trasformazioni, sia nella domanda sia nell'offerta.

In Europa, dove il mercato è fortemente segnato dalla presenza del prodotto americano, l'Italia è seconda solo alla Francia per capacità di affermare un'identità filmica nazionale. Nonostante il panorama cinematografico italiano abbia vissuto fino alla fine degli anni settanta momenti di notevole auge, si ritrova attualmente superato dalla concorrenza internazionale, pur avendo mantenuto nel corso degli anni professionalità di altissimo rilievo non solo per quanto attiene produttori, registi e star del cinema, ma anche per tutto quell'insieme di competenze e professionalità necessarie alle produzioni di grande qualità (quali esemplificando: sceneggiatori, costumisti, realizzatori d'effetti speciali, montatori, e altri). Un grande esempio è rappresentato proprio da En-

---

[3] D. lgs. N. 28 del 22/01/2004. La cosiddetta "Legge Cinema", già citata, affermava all'art. 1 che "lo Stato considera il cinema mezzo di espressione artistica, di formazione culturale, di comunicazione sociale e ne riconosce l'importanza economica e industriale", e che "le attività di produzione, di distribuzione e di programmazione di film sono ritenute di rilevante interesse generale". A distanza di circa quarant'anni, anche il d. lgs numero 28 del 22 gennaio 2004 ("Legge Urbani") sottende le stesse motivazioni

[4] La Festa Internazionale di Roma è una realizzazione della Fondazione Cinema per Roma che detiene tutti i diritti di copyright sulla denominazione e sul logo della manifestazione.

nio Morricone[5], Maestro conosciuto in tutto il mondo e al quale è stato assegnato nel 2007 l'Oscar alla carriera. Morricone è stato investito di un'altra rilevante responsabilità: è stato infatti scelto per rappresentare la provincia di Roma nel consiglio d'amministrazione della *Film Commission*, una fondazione che ha come obiettivo quello di promuovere e organizzare l'attività cinematografica e audiovisiva.

Un'ulteriore testimonianza delle alte competenze presenti nella nostra industria cinematografica possiamo rilevarla nell'assegnazione dell'Oscar per i migliori costumi a Milena Canonero[6], per il film *Marie Antoinette*, avvenuta nel Febbraio 2007.

Attualmente il mercato cinematografico è dominato dalle grandi compagnie di produzione americane, le cosiddette *Majors*[7], da produttori indipendenti, e da quelle aziende che forniscono produzioni per il mercato televisivo. Nel sistema italiano vi sono invece principalmente singoli produttori indipendenti.

Le nostre imprese hanno dimensioni medio-piccole e necessitano di maggiori risorse finanziarie per poter realizzare delle opere competitive. Purtroppo nel nostro Paese, banche, operatori finanziari ed universo del cinema dialogano poco tra loro per scarsa conoscenza e fiducia reciproca. Sarebbe utile la reintroduzione della *tax-shelter* in Italia favorendo un mix tra progetto produtti-

---

[5] Compositore italiano, nato a Roma il 10 novembre 1928. Celebre per le sue numerose colonne sonore cinematografiche: ne ha composte più di 500 in tutta la sua lunga carriera, di cui 30 solamente scritte per *film western*.
[6] Famosa costumista torinese, ha vinto tre volte l'Oscar.
[7] *Metro-Goldwyn-Mayer*, la *Paramount Pictures*, la *Toukhstone Pictures*, la *Dreamworks SkG*

vo ed artistico - culturale. Lo Stato potrebbe finanziare le compagnie che, per i lavori, impiegano cittadini italiani residenti in loco: la *tax-shelter* comporta una riduzione d'entrate per lo Stato e deve quindi innescare un effetto positivo sull'economia che, generando lavoro, compensi il mancato introito per l'erario. Molto utili sarebbero eventuali investimenti statali nel *training* per una *crew* d'alto livello. Inoltre si valorizzerebbero le attrezzature e le aree poco sfruttate nel nostro Paese evitando che gli operatori nazionali ed internazionali utilizzino mezzi e *location* alternativi, soprattutto quelli dell'Europa dell'est, quali per esempio Bulgaria, Polonia e Romania, che hanno dei costi molto più bassi rispetto a quelli del nostro Paese. Pertanto si potrebbe intervenire con un fondo statale che preveda un meccanismo di buoni per l'acquisto e il noleggio delle attrezzature da usare in loco.

Inoltre è interessante l'iniziativa di una Festa del Cinema a Roma, da cui si prevede un gran riflusso di capitali stranieri, che gioverebbero al settore del cinema italiano abbastanza in crisi. Si potrebbe passare anche alla "territorializzazione" delle spese, rivolgendosi alle regioni beneficiarie di guadagni indotti, per esempio dal cineturismo. Un'idea invece per avvicinare gli investitori al Sistema Cinema nazionale, potrebbe essere quella della creazione di un ufficio che dia risposte precise sui requisiti necessari per beneficiare dei provvedimenti statali. Il tutto funzionerebbe anche attraverso un sistema *on-line*.

Il cinema rappresenta uno strumento di comunicazione e promozione internazionale della nostra cultura, del talento e dell'eccellenza del *made in Italy*. Ogni settore ha bisogno d'interventi strutturali per essere davvero in grado di affrontare ed anticipare le sfide attuali ma soprattutto quelle future.

Nel corso di un convegno sull'industria dell'audiovisivo[8], tenutosi presso il centro congressi della Camera dei Deputati e organizzato dall'On. Gianni De Michelis[9] nel dicembre 2006, si sono incontrati molti dei principali protagonisti del settore e investitori, al fine di valutare come reperire nuove risorse finanziare. Taluni economisti si stanno proponendo di studiare tutte le ulteriori e nuove forme di finanziamento disponibili sui mercati internazionali, atte al rilancio della nostra industria cinematografica. Il gruppo di studio supportato dalla Fondazione Einaudi[10] e dalla rivista di settore "Finanza Italiana", avvalendosi di notevoli esperienze reperite sia direttamente nella produzione cinematografica sia sui mercati finanziari internazionali, sta elaborando proposte operative da offrire agli addetti ai lavori. L'obiettivo del gruppo di studio è quello di porsi quale "cerniera" fra i due settori, quello finanziario e quello della produzione che spesso non riescono a fissare e perseguire stabili interessi comuni.

---

[8] Un'iniziativa finalizzata al rilancio della competitività del cinema italiano e ad offrire nuova linfa alla sua industria, al fine di confrontarsi meglio con la pesante concorrenza internazionale e confidando nell'altissima professionalità delle tante personalità che compongono il nostro settore cinema.
[9] Uomo politico italiano, nato a Venezia il 26 novembre 1940. Attualmente segretario nazionale del Nuovo PSI ed ha aderito alla Costituente del Partito Socialista.
[10] La Fondazione sorse nel 1964, con l'obiettivo di creare un'istituzione culturale capace di mettere a frutto, con la massima flessibilità operativa, un grande patrimonio culturale nell'ambito delle scienze socio-economiche.

Lo strumento finanziario innovativo della cartolarizzazione ha trovato ampio riscontro sui mercati anglosassoni, che hanno valutato anche l'opportunità di adattarlo all'industria cinematografica e di farne un motore del settore.

Capitolo 1

Lo scenario internazionale del sistema cinema

1.1 Il cinema italiano: uno sguardo alle dinamiche contemporanee

Il panorama cinematografico italiano, che ha vissuto fino alla fine degli anni '70 momenti di notevole prosperità e credibilità, si ritrova attualmente in difficoltà al cospetto della grande concorrenza internazionale, pur avendo mantenuto delle altissime professionalità sia per quanto attiene produttori, registi e star del cinema, ma anche e particolarmente per tutto quell'insieme di professionalità necessarie alle produzioni di grande qualità, quali sceneggiatori, costumisti, realizzatori di effetti speciali, montatori e altri.

Un esempio su tutti è il grande compositore Ennio Morricone, Maestro riconosciuto in tutto il mondo. Dopo cinque *nominations*, finalmente è arrivato anche per lui l'Oscar alla Carriera, quel premio sempre sfiorato, ma che non si era mai tramutato nell'ambita statuetta. L'autore di oltre 400 colonne sonore è stato investito anche di un'altra significativa responsabilità: è stato infatti scelto per rappresentare la Provincia di Roma nel Consiglio di Amministrazione della *Film Commission*, la Fondazione nata dall'accordo tra Regione Lazio, il Comune di Roma e l'omonima Provincia, con l'obiettivo di promuovere ed organizzare l'attività cinematografica e audiovisiva. *"Abbiamo scelto il Maestro Morricone* - ha spiegato il Presidente della Provincia Gasbarra - *per far apportare il contributo di un Uomo di notevole competenza, un Uomo che nel cinema rappresenta una grande immagine di professionalità"*.

Meno famosa nel nostro Paese, ma ugualmente meritevole è senza dubbio anche Milena Canonero, che ha ricevuto l'Oscar nella categoria costumi per il film *Marie Antoinette*. A riprova del suo talento, alcuni degli abiti di scena di *Marie Antoinette*, dalle tinte pastello e dallo stile che mescola classico e moderno, hanno trovato esposizione fino al 5 aprile 2008 al *Fashion Institute of Design and Merchandising Museum* di Los Angeles, insieme con quelli dei rivali che ha sbaragliato agli Oscar del 2007 (*Il Diavolo veste Prada* e *The Queen*, che concorrevano insieme a *Dreamgirls* e *Curse of the Golden Flower* alla statuetta per la categoria).

A seguito del riconoscimento di questi e di altri grandi talenti nazionali, come quelli appena citati, si sono attivate una serie di interessanti iniziative anche nel nostro paese a sostegno della Settima Arte.

Taluni Investitori, sia italiani sia internazionali, stanno valutando l'eventualità di canalizzare masse di liquidità verso un costituendo soggetto economico che avvalendosi d'innovative tecniche finanziarie possa sostenere il rilancio dell'industria cinematografica.

1.2 Gli andamenti del mercato cinematografico in Italia e all'estero

Attualmente il mercato cinematografico è composto principalmente dalle *Majors*, da una vasta platea di produttori indipendenti, nonché da quelle aziende che forniscono principalmente produzioni per il mercato televisivo. In Italia, a differenza degli Stati Uniti, non ci sono grandi *Majors*, ma singoli produttori indipendenti. Prima di analizzare l'industria cinematografica nazionale, sarà quindi utile rivolgere uno sguardo a quella d'oltreoceano.

1.2.1 Il panorama contemporaneo sulle majors americane

La *Metro-Goldwyn-Mayer* (spesso abbreviata in *MGM*) è una storica compagnia privata di cineproduzione degli Stati Uniti d'America. La *MGM* è portata avanti da un consorzio d'imprenditori tra cui la *Providence Equity Partners*, la *Texas Pacific Group*, la *Comcast Corporation*, la *DLJ Merchant Banking Partners* e il *Quadrangle Group*. Questa compagnia possiede la più vasta cineteca del mondo, con oltre 4.100 titoli, più di 10.400 episodi di serie televisive e ha conseguito ben 208 premi Oscar. Nata nel 1924 dalla fusione tra la *Metro Picture Corporation* e la *Goldwyn Picture Corporation* e la *Louis B. Mayer Pictures*, la *MGM* è senza dubbio il più importante studio hollywoodiano, anche in virtù delle consistenti risorse economiche derivanti dalle compartecipazioni bancarie e dalla infinita catena di cinema affiliati.

La *Paramount Pictures*[1], ha già compiuto 90 anni di una prestigiosa storia ed ha prodotto oltre tremila film. Il primo film prodotto dalla *Paramount*, quando ancora la società non esisteva - che è stato anche il primo lungometraggio drammatico nella storia degli Stati Uniti d'America - fu *La regina Elisabetta* (*Queen Elisabeth*) di Sarah Bernhardt. Il successo del film incoraggiò Zukor alla fondazione della casa cinematografica, con sede a New York, dove produsse altri due grandi film come *Il Conte di Monte Cristo* e *Il Prigioniero di Zenda*. La svolta nella storia della *Paramount* avvenne però il 28 giugno 1916 quando Jesse L. Lasky, la cui compagnia produceva film ad Hollywood, unì le sue forze con quelle della *Famous Player Film Corp* dando così vita alla *Paramount*, che si trasferì in nuovi studi con sede a Marathon Street, Hollywood. Tuttora la *Paramount* resta l'unica casa di produzione che realmente effettua le registrazioni ad Hollywood. I primi attori scritturati dall'azienda furono Mary Pickford, Rodolfo Valentino, Gloria Swanson e Clara Bow. Nel 1928, con il film d'aviazione *Ali* (*Wings*, 1927) di William Wellman, la *Paramount* ottenne il primo premio Oscar, nella categoria Miglior Film mai assegnato nella storia degli *Academy Award*. Ad oggi, la *Paramount*, rinominata *Paramount Communication Inc.*, così come la *CBS*, la *Blockbuster Entertainment* e molte altre società,

---

[1] La *Paramount Pictures Corporation* è una delle più importanti case cinematografiche degli Stati Uniti d'America. Fondata da Adolph Zukor il 12 luglio del 1912 con il nome di *Famous Player Film Corp.*, ha già compiuto 90 anni di una luminosa storia e prodotto oltre tremila film.

fanno parte del colosso americano, leader del settore dell'intrattenimento,

1.3 L'industria cinematografica italiana: alcune proposte per il rilancio del settore

Per ciò che concerne il panorama italiano, le nostre sono piccole o medie imprese di produzione e necessitano di fondi costanti. In passato, il nostro Paese ha conosciuto un grande successo nel settore degli audiovisivi, in particolare quello cinematografico. E questo ha implicato un guadagno in termini di ricchezza ma anche d'occupazione, nonché d'indotto.

Probabilmente il primo intervento statale utile dovrebbe essere la semplificazione dell'attuale normativa e la sua conversione in una legge-quadro globale più chiara, finalizzata davvero a tutto il settore audiovisivo.

Sarebbe oltremodo utile inoltre la reintroduzione della *tax-shelter* in Italia, favorendo un mix tra progetto produttivo e artistico culturale. Le opere selezionate otterrebbero una certificazione del Ministero dei Beni Culturali. Un requisito importante per il finanziamento potrebbe essere quello che prevede che una percentuale maggioritaria dell'opera sia realizzata in Italia. Un altro criterio utile: qualità e utilizzo d'alta tecnologia per favorire la presenza di tecnici altamente qualificati.

In particolare, lo Stato potrebbe finanziare le compagnie che, per il lavoro, impieghino cittadini italiani residenti in loco: il *tax-shelter* comporta una riduzione di entrate per lo Stato e deve quindi essere tale innescare un effetto positivo sull'economia che, generando lavoro, compensi il mancato introito per l'erario.

A proposito di questo, considero molto utili gli eventuali investimenti statali nel *training* per una *crew* di alto livello.

Inoltre, è risaputo che sia gli operatori nazionali sia quelli internazionali utilizzano attrezzature e *location* soprattutto dell'Europa dell'Est (Bulgaria, Polonia e Romania) per il costo troppo elevato di quelle nazionali. Accade così che studiosi rinomati come Cinecittà abbiano una grande potenzialità non sfruttata.

A fronte di queste difficoltà, si potrebbe intervenire con un fondo statale in grado di prevedere un meccanismo di buoni per l'acquisto e il noleggio delle attrezzature da usare in loco. Questo servirà anche a valorizzare le attrezzature e le aree poco sfruttate nel nostro Paese. Rimarchevole è poi l'iniziativa di una Festa del Cinema a Roma, da cui si prevede un gran riflusso di capitali stranieri che non potranno che giovare ad un settore in crisi come quello del cinema italiano.

Un ultimo provvedimento che potrebbe essere funzionale allo scopo è passare alla "territorializzazione" delle spese, rivolgendosi alle Regioni beneficiarie di guadagni indotti, per esempio dal cineturismo. Invece, un'idea pratica per la semplificazione della procedura di richiesta di contributi e per fare in modo di avvicinare gli investitori potrebbe essere quella della creazione di un ufficio apposito che dia risposte rapide e precise sui requisiti fondamentali per essere beneficiari dei provvedimenti statali. Il tutto funzionerebbe anche *on-line*, rilasciando a pagamento consultazioni e certificazioni.

Capitolo 2

Il progetto "Una Banca per il Cinema"

2.1 Il Comitato Promotore del progetto

Nel corso di un importante convegno sull'audiovisivo organizzato nel dicembre 2006 dall'On. Gianni De Michelis e tenutosi presso il centro congressi della Camera dei Deputati, si sono incontrati, oltre a tutti i principali protagonisti del settore, anche diversi investitori interessati a valutare sia le attuali potenzialità sia i rischi connessi all'industria cinematografica o alla produzione audiovisiva, al fine di veicolare eventualmente le necessarie risorse finanziarie. Successivamente a questi primi contatti interlocutori, si è venuto a formare un gruppo di lavoro che si propone di studiare tutte le ulteriori forme di finanziamento necessarie al rilancio della nostra industria cinematografica. Con l'intensificarsi delle riunioni, che oltre a suscitare un notevole interesse fra gli addetti ai lavori, hanno anche apportato ulteriori significative esperienze, ma soprattutto con i primi contatti con la stampa, l'iniziale gruppo di studio ha finito per trasformarsi in un vero e proprio Comitato-Promotore, autodenominatosi per le stesse finalità dei suoi intenti: "Una Banca per il Cinema".

I suoi lavori vantano la partecipazione d'importanti operatori del mondo economico e finanziario, debitamente coadiuvati da produttori e *managers* dello specifico settore che hanno maturato dirette e notevoli esperienze operative. A fianco a questo gruppo di lavoro ristretto, sono inoltre presenti eminenti personalità della stampa e della comunicazione. L'organizzazione del Comitato promotore ha designato per questo complesso incarico l'autore del presente elaborato, in quanto i membri del Comitato hanno ritenuto che oltre alla formazione economico-finanziaria, con gli annessi contatti presso i mercati internazionali, avevo acquisito anche talune esperienze nello specifico settore della produzione, seppur in tempi pregressi.

Il Comitato si avvarrà inoltre dell'apporto tecnico-scientifico della Fondazione Einaudi, dell'appoggio della prestigiosa rivista di settore "Finanza Italiana", nonché del patrocinio, ancor più autorevole, del Sindaco di Roma.

Il primario intento che il Comitato ha voluto prefissarsi, è quello di porsi quale simbolica cerniera e mediatore fra due settori, quello finanziario e quello della produzione, che pur lavorando in aree contigue, troppo spesso non riescono a perseguire stabili intenti ed interessi comuni.

2.2 Prospettive per il futuro: la tavola rotonda

Per focalizzare l'attenzione sul lavoro del Comitato-Promotore, nonché per suscitare ulteriori adesioni, il Comitato sta organizzando una tavola rotonda, i cui argomenti saranno quelli sopra presentati. Ai lavori della tavola rotonda, il cui tema principale verterà sulle possibilità e quindi sulle potenzialità di una struttura finanziaria permanente, rivolta al settore cinematografico, saranno invitate numerose ed apprezzate personalità, quali investitori, banchieri, finanzieri ed autorevoli esponenti della cosiddetta Settima Arte. L'intento è quello di ottenere dei rapidi confronti di idee, utilizzando il sistema cosiddetto del *Question Time* già in vigore nel nostro Parlamento. La scelta di questo metodo dovrebbe consentire un rapido e costruttivo confronto di idee, di apporti o eventuali critiche. Si parte dalla disamina di quanto pubblicato sul noto sito *Dagospia*[1] di Roberto D'Agostino, che in data 6 febbraio 2007 elenca con dettagliatamente quelle pellicole prodotte con ampio sostegno di fondi pubblici che hanno poi riportato al botteghino risultati che sarebbe eufemistico definire deludenti. Si è poi proceduto a confrontare questi dati con quelli di grandissima rilevanza economica riportati da alcune pellicole italiane che, recentemente distribuite nelle sale cinematografiche, hanno raggiunto in pochi giorni performance assolutamente notevoli negli incassi.

Si stanno esaminando le due principali ipotesi attualmente allo studio del Comitato, confrontando così l'eventualità di costituire una specialistica Compagnia Finanziaria operativa a medio ter-

---

[1] Dagospia è una pubblicazione web di politica, società e costume a cura di Roberto D'Agostino. Si occupa principalmente di *gossip* e informazioni parzialmente confidenziali su fatti e persone del mondo della politica, dell'economia, dello spettacolo e dello sport italiani. Lo stile di comunicazione è chiassoso e scandalistico, a tratti volgare, mentre le notizie riportate, si sono dimostrate talvolta rilevanti, esatte e tempestive. Questi due elementi hanno contribuito a farne un sito molto popolare, specie nel mondo dell'informazione italiana. È un sito ad elevato traffico vantando un afflusso giornaliero di più di 200.000 lettori, le cui statistiche sono pubbliche. Si finanzia con abbonamenti e pubblicità.

mine, con la suggestiva ma altrettanto complessa idea di fondare una vera e propria "Banca per il cinema". Restando nell'ambito finanziario, in conclusione dei lavori, si valuteranno con particolare attenzione tutte le applicazioni della leva della cartolarizzazione al settore cinematografico.

2.3 Gli strumenti finanziari: la leva della cartolarizzazione

La cartolarizzazione è un innovativo strumento finanziario che vanta molteplici applicazioni - per le quale rimando al mio testo del 2007 (v. Verna 2007) – e che ha trovato ampio riscontro sui mercati anglo-sassoni. Esso si presta ad essere adattato alle esigenze dell'industria cinematografica: infatti uno dei punti di forza di questo strumento finanziario sta proprio nella sua grande flessibilità, che consente di strutturare operazioni per importi anche di notevole rilievo, veicolando verso il cosiddetto *money market* internazionale, titoli definiti *ABS*[2] semplicisticamente, in questa sede paragonabili alle nostre obbligazioni. Entrare nei tecnicismi di questa complessa leva finanziaria, non è di pertinenza di questo testo, ma basti ricordare che tramite la costituzione di uno specifico veicolo di collocamento, da cui l'acronimo SPV, si possono collocare presso sottoscrittori Istituzionali i sopra ricordati titoli *ABS*, che troverebbero il debito rimborso sia nei futuri in-

---

[2] Per *Asset Backed Securities* (*ABS*) s'intendono gli strumenti finanziari emessi a fronte di operazioni di cartolarizzazione di crediti sia presenti sia futuri, e di altre attività destinate, in via esclusiva, al soddisfacimento dei diritti incorporati nelle *ABS* ed eventualmente alla copertura dei costi dell'operazione di cartolarizzazione.

cassi, maturati dai botteghini delle sale cinematografiche, ma anche dalla cessione dei diritti connessi alle pellicole. Al mercato potranno offrirsi titoli *ABS*, spesso per consuetudine denominati più semplicemente *bond*, che verranno strutturati con diversi gradi di rendimento e che saranno rappresentativi di differenti produzioni sulla base del noto principio finanziario del frazionamento dei rischi, oppure si potranno offrire *bonds* che conterranno i maturandi ricavi di un'unica grande produzione, responsabilizzando così sia gli organizzatori dell'architettura finanziaria sia realizzatori dell'opera cinematografica.

Nell'ambito della tavola rotonda del Comitato verrà comunque reso disponibile un elaborato, stilato dallo scrivente, sulla cartolarizzazione, una sorta di manuale operativo che partendo dall'analisi della legislazione attualmente vigente nel nostro paese, esaminerà i soggetti ed i ruoli necessari a concretizzare un'operazione di *securitization*[3], termine anglosassone reso in italiano appunto con l'espressione cartolarizzazione.

---

[3] La Securitization è nota anche come "cartolarizzazione" o "titolarizzazione". Denota la cartolarizzazione di crediti, bancari o aziendali, processo nel quale banche e imprese possono cedere a pagamento i propri crediti, compresi quelli in sofferenza, a soggetti specializzati, i quali riuniscono tutti i prestiti aventi le stesse caratteristiche e sulla base di questi creano valori mobiliari *ad hoc* (di norma obbligazioni) che collocano successivamente presso il pubblico dei risparmiatori.

Securitization può anche intendere la tendenza delle imprese e degli enti economici a prediligere il finanziamento tramite emissione di valori mobiliari.

2.4 I mezzi di comunicazione coinvolti nella promozione e nella divulgazione del progetto

L'aspetto comunicativo è senz'altro un elemento fondamentale per la costituzione della "Banca per il Cinema". L'ambizioso progetto è sostenuto da un Comitato formato da importanti uomini d'affari, nonché rappresentanti dei principali istituti di credito del nostro paese, esperti del settore cinematografico e giornalisti ed editori del mondo dei media nazionale. La necessità che il sopra citato Comitato ha espresso durante una delle prime riunioni è stata quella di coinvolgere i mezzi d'informazione al fine di sensibilizzare l'opinione pubblica di fronte alla necessità della nostra industria cinematografica di reperire fondi per essere competitiva sul mercato cinematografico internazionale. Infatti, il progetto "Una Banca per il Cinema" ha ottenuto un grosso *appeal* sull'interesse generale degli organi d'informazione che, a più riprese, hanno dato spazio ad interventi ed approfondimenti sulla questione. In tal senso il Comitato si è avvalso del supporto professionale del dott. Maurizio Urso, giornalista pubblicista che sta svolgendo il ruolo di addetto stampa dell'iniziativa.

Per promuovere il progetto è stata adottata una strategia parallela volta ad informare da un lato gli esperti del settore economico-finanziario e dall'altro gli esperti del settore cinematografico. Infatti gli articoli redatti in questi mesi sulla "Banca per il Cinema" sono stati pubblicati sia su pagine di natura economica sia su quelle che riguardano più da vicino il mondo della Settima Arte. Articoli di spessore sono stati quelli apparsi su *Il Giornale* il 22

Giugno 2007, per mano del dottor Maurizio Cabona[4], giornalista e critico da anni specializzato nel settore cinematografico; quello su *Libero Mercato*, scritto dalla dottoressa Ravalico[5]; quello su *Il Tempo* scritto da dottor Caleri, senza poi dimenticare lo spazio riservato alla nostra iniziativa su altri autorevoli quotidiani come *Il Meridiano*, *La Sicilia*, *Italia Sera*, *Finanza Italiana* ed *Italia Oggi*.

Ma non è solo la carta stampata ad aver contribuito alla diffusione delle notizie riguardanti il lavoro del Comitato sulla "Banca per il Cinema". Anche emittenti radiotelevisive come *Class CNBC*, *RTB International*, *Radio Rai* e *Rai 2* hanno svolto un ruolo preponderante nell'informare l'opinione pubblica sul progetto in questione. Il gruppo di lavoro da me rappresentato si è impegnato attivamente per organizzare al meglio il primo convegno ufficiale sulla "Banca per il Cinema" nel corso della prestigiosa *kermesse* del *Taormina Film Festival* dove il 22 Giugno 2007 assieme al Professor Augusto D'Amico[6], dell'Università degli Studi di Messina ed apprezzato esperto di "Product-placement", è stato presentato il progetto. In tale occasione Laura Delli Colli[7], critica cinematografica di Panorama, ha introdotto l'argomento "nuovi strumenti finanziari per il sostegno e il rilan-

---

[4] Maurizio Cabona, Genova 1951, laureato in Giurisprudenza, cultore della materia di Organizzazione internazionale e Diritto europeo alla facoltà di Scienze Politiche dell'Università di Genova, è critico cinematografico de "il Giornale", dove lavora dal 1986 e sul quale commenta anche la politica di alcune aree europee, africane e asiatiche.
[5] Michela Ravalico, giornalista.
[6] Professore di Economia Aziendale all'Università degli Studi di Messina.
[7] Presidente del Sindacato nazionale dei giornalisti cinematografici italiani.

cio della nostra industria cinematografica". Importante è stato l'apporto del professor D'Amico, il quale ha introdotto un'altra importate proposta, ossia quella di aggiungere prodotti commerciali all'interno dei film per contribuire alle spese grazie all'intervento pubblicitario. In occasione del dibattito, una troupe del Tg2 ha dato visibilità a livello nazionale al progetto della "Banca per il Cinema".

Inoltre anche la realizzazione di un sito web dedicato al progetto (*www.bancaperilcinema.it*) è stato di cruciale importanza per informare l'opinione pubblica ma soprattutto per raccogliere richieste di delucidazioni e proposte da parte di molti utenti del web. In questo ha colpito molto il grande interesse che il progetto ha riscosso non solo tra gli addetti ai lavori, ma anche tra i comuni cittadini che, incuriositi da quanto letto, ascoltato o visto, si sono messi in contatto per dare un loro contributo o per capire meglio come possa cambiare il Sistema Cinema in Italia.

I prossimi passaggi del progetto comunicativo volto a promuovere la "Banca per il Cinema" sono quello di fidelizzare un rapporto di collaborazione nato proprio durante la conferenza stampa del Ministro Rutelli in occasione del *Taormina Film Festival*, tra il Comitato rappresentato dallo scrivente e *l'International Business Development Director* dell'autorevole rivista *The Hollywood Reporter* che prossimamente darà visibilità al progetto.

Infine si sta lavorando già da diversi mesi alle nuove manifestazioni che si terranno nella capitale e che daranno nuova forza all'iniziativa, fra gli esperti del mondo della finanza e quelli del mondo cinematografico per trovare in maniera concreta la soluzione volta a dare efficacia al binomio Finanza-Settima Arte anche nel nostro Paese.

Capitolo 3

L'Attuale assetto legislativo e l'introduzione del Tax Shelter

3.1 Due proposte di legge per il rilancio dell'industria cinematografica in Italia

In questo capitolo analizzerò l'assetto legislativo attualmente in vigore nello scenario italiano. La presente analisi passerà al vaglio le due proposte di legge predisposte per il sostegno e il rilancio della nostra industria cinematografica. Proprio mentre il presente elaborato veniva portato in stampa, l'On. Gabriella Carlucci - responsabile del dipartimento Cinema e Spettacolo di Forza Italia - e il Sen. Willer Bordon - in rappresentanza dei partiti di maggioranza - , addivenivano ad un accordo per inserire nella Legge finanziaria, recentemente entrata in vigore, gran parte della proposta di Legge di cui si dà conto in questo testo, di cui si era resa firmataria proprio l'On. Carlucci, pur con i debiti emendamenti.

Vedremo comunque entrambi gli strumenti legislativi all'epoca proposti al fine di fornire gli elementi per una corretta e doverosa comparazione.

Personalmente ho avuto l'opportunità di esprimere in un ufficiale intervento, nell'ambito della conferenza stampa tenutasi alla Camera dei Deputati lo scorso 18 Dicembre per la presentazione dell'accordo, il mio personale apprezzamento per questo importante elemento evolutivo, che apre importanti spazi per veicolare e convogliare nel nostro paese rilevanti risorse finanziarie provenienti dai mercati internazionali.

3.1.1 Dall'assistenzialismo statale alla logica di mercato: le condizioni per lo sviluppo di un'industria culturale

Il primo disegno di legge è stato quello che concerneva la "disciplina delle attività cinematografiche e audiovisive", presentato alla Camera dei Deputati il 28 aprile 2006 su iniziativa del deputato Colasio. Quest'ultimo ha osservato che l'idea che il cinema italiano fosse in crisi sembrava costituire un dato condiviso dagli operatori e dagli osservatori. Inoltre, la sentenza della Corte Costituzionale n°285 del 2005, dichiarando incostituzionale la cosiddetta "legge Urbani" e buona parte dei relativi decreti attuativi, ha generato il blocco dell'attività delle commissioni. Di certo sarebbe stato più opportuno un intervento più profondo che non la frettolosa "riedizione" delle norme dichiarate incostituzionali, insieme alle correzioni necessarie per garantire la sopravvivenza di una legge già inadeguata.

La riscrittura del titolo V della parte seconda della Costituzione, una potestà legislativa anche in materia di cinema, meritava una ben diversa attenzione, e il riconoscimento alle Regioni di un ruolo operativo al fianco dello Stato nel dare al cinema e all'audiovisivo italiano una nuova competitività fatta d'impresa e non d'assistenzialismo.

Il *caveau* della Banca Nazionale del Lavoro, dove giacciono centinaia di film senza pubblico, costituisce una sorta di metafora del declino del nostro cinema. Declino che ha precluso a quest'ultimo la possibilità di divenire industria culturale, e mentre il nostro cinema si cullava nel suo voler essere espressione "artistica - artigiana", la durezza del mercato imponeva le sue regole e la sua legge. La logica all'origine di tale declino, quella legata al sostegno statale con la vecchia legge del 1965, restava ancorata alla centralità dell'autore e della sceneggiatura. Il produttore era un incidente di percorso nel processo narrativo e artistico. Se si pensa che dal 1985 al 2002 lo Stato ha stanziato, tramite il *Fondo Unico dello Spettacolo* (*FUS*), 2100 miliardi di euro e che a dispetto di ciò il sistema cinema, inteso come industria culturale, non è riuscito a farsi impresa, rappresenta di per sè motivo di sviluppare qualche altra riflessione.

Il cinema italiano non produce risorse in grado di autoalimentarsi. Da ciò derivava che il *reference system*[1] introdotto dalla legge Urbani poteva funzionare se ci fosse un mercato, ma la vecchia logica assistenziale non ha spinto e aiutato i produttori ad entrare dentro tale logica e farnese parte attiva. Quindi,

---

[1] Il termine *Reference System* (TRS), è stato creato come una singola risorsa ambientale di terminologia per l'Agenzia per la compilazione di raccolte di termini di EPA e da altre fonti.

senza mercato, senza imprese consolidate, il *reference system* diventava un vezzo, uno strumento in sé valido ma incoerente rispetto al contesto.

In Italia il cinema ha scarsa domanda rispetto alla media europea. Il consumo medio *pro capite* in Italia è pari a due biglietti contro i tre d'altri Paesi europei; superato il picco negativo del 1992, il numero di biglietti staccati si è andato stabilizzando, ma non al punto da fare la differenza tra un sistema che funziona e uno in crisi permanente: considerata la produzione media annuale italiana degli ultimi anni, si può osservare come i tre quarti di film nazionali soffrano di assenza di pubblico, d'impossibilità di generare un circolo virtuoso tra risorse allocate e redditività.

L'offerta nazionale è in eccesso rispetto alla domanda, contrariamente a quanto accade in quella del cinema Americano. In Francia la produzione nazionale presidia il 35% degli incassi e il 40% dell'offerta di film. C'è poi da sottolineare che il nostro Paese è afflitto dalla frattura culturale, legislativa ed economico-finanziaria che divide ancora il cinema dalla televisione. La legge Veltroni n°122 del 1998 ridisegnò un quadro volto ad una grande alleanza. L'aver imposto a partire dal 2000 quote sulla produzione e sull'acquisto d'opere cinematografiche e audiovisive italiane ed europee alle tv nazionali ha portato Rai e Mediaset a ripensare le loro politiche nei riguardi del settore cinematografico. La nascita di Rai Cinema e la trasformazione della *Mission* di Medusa ne sono conseguenza ed espressione diretta.

Se un tempo in Italia non si facevano film senza lo Stato, oggi non si fa nulla senza coproduzione e prevendita dei diritti a

Rai o Mediaset. Poiché la legge n°122 evoca obblighi di reinvestimento solo a fronte di canone e pubblicità, ne segue che un colosso come *SKY*, a sistema con gli abbonamenti, è escluso da impegni diretti verso il settore cinematografico. Dunque, citando l'On. Colasio: "vogliamo solo sopravvivere o, al contrario, optare per un intervento in grado di apportare nuova linfa all'intero settore, senza relegare la televisione a mero finanziatore del cinema e creando un unico valore integrato dove risorse e valori aggiunti si moltiplicano virtuosamente? A questo punto torna in scena la politica".

Nella citata proposta legislativa vi erano davvero alcuni punti di discontinuità con il passato. L'obiettivo principale era quello di configurare il settore cinematografico e audiovisivo unito in un *unicum* culturale e imprenditoriale, in grado di operare in condizioni d'autonomia finanziaria. Una sorta di "Banca per il Cinema" a capitale pubblico, supportato da una serie di imposte indirette che sarebbero dovute gravare su tutta la filiera cinematografica.

3.1.2 Agevolazioni fiscali e contributi a sostegno del cinema: l'applicazione del "tax-shelter" in Italia

Analizzerò ora la seconda proposta di legge in materia di "agevolazioni fiscali e contributi per il sostegno del settore cinematografico e dell'audiovisivo", recepita nella Finanziaria 2008. Nata da un'iniziativa dei deputati Carlucci, Bondi, Gianfranco Conte, Garagnani, Licastro Scardino, Martusciello, Palmieri, Paletti e Tangheroni, la proposta di legge è stata presentata il 28 febbraio 2007 alla Camera dei deputati. Sono ormai decenni che nel settore cinematografico si discute sull'opportunità di ricorrere all'introduzione del meccanismo del cosiddetto *tax-shelter* o degli utili reinvestiti. Io ritengo che a tale logica sarebbe utile e opportuno rifarsi, anche alla luce dell'esperienza positiva riscontrata negli altri paesi membri dell'Unione Europea che vi anno fatto ricorso. Il nostro mercato cinematografico verrebbe così assimilato a quello degli altri Paesi europei e non, nei quali le nuove uscite si succedono nell'arco di tutto l'anno. Tutto ciò rappresenterebbe un incentivo per produttori e autori a costruire prodotti che siano in grado di ottenere anche il finanziamento privato e, soprattutto, spingerebbe gli autori a preparare opere suscettibili di un riscontro di mercato andando incontro alle domande e alle esigenze del pubblico. In passato, lo strumento del *tax-shelter* e della detassazione degli utili reinvestiti è stato già utilizzato in Italia con profili positivi, implicando agevolazioni fiscali in favore della produzione e della distribuzione. Nella passata legislatura, all'interno dello schema di decreto legislativo presentato dal Ministro per i Beni e le Attività Culturali Urbani (poi decreto legislativo del 22 gennaio 2004 N° 28), vi era un'espressa previsione per le agevolazioni fiscali, che avrebbero interessato i produttori, i distributori indipendenti e le persone giuridiche operanti in settori diversi da quello cinematografico.

Purtroppo la tanto decantata introduzione delle agevolazioni fiscali non è poi avvenuta per mancanza di copertura finanziaria. Forse lo Stato non era pronto ad accettare con coraggio una riduzione delle proprie entrate, che però avrebbe generato lavoro e dunque compensazione per il mancato introito erariale. Il modello di base che s'intendeva utilizzare era quello irlandese, integrato con il modello belga. Passiamo ora ad una panoramica delle esperienze di alcuni Paesi europei che anno adottato meccanismi d'incentivi fiscali nel settore cinematografico ed audiovisivo. I casi dell'Irlanda, del Lussemburgo, del Regno Unito, del Belgio e della Francia, potranno essere d'ausilio per future valutazione del nostro territorio.

3.2 Alcuni casi di agevolazione fiscale per l'industria cinematografica all'estero

Partiamo dall'Irlanda, dove il sistema per gli incentivi fiscali dipende dal Ministero delle Arti, dello Sport e del Turismo. Con l'attuale assetto legislativo irlandese la società di produzione può raccogliere fondi:

a) fino all'80% del totale della produzione, per un budget massimo di 5.080.000 euro;

b) tra il 66% e l'80% del totale della produzione, per un budget tra i 5.080.000 e i 6.350.000 euro;

c) fino al 66% della produzione, per un budget superiore ai 6.350.000 euro.

I privati possono investire un minimo di 250 Euro e un massimo di 31.750 Euro l'anno. Potranno chiedere una deduzione d'imposta dell'80% dell'investimento. Le società possono investire fino a 10.160.000 euro in dodici mesi con un tetto massimo di 3.810.000 euro a film e la deduzione fiscale potrà ammontare all'80% della somma investita. Inoltre l'opera televisiva o cinematografica deve essere a carattere commerciale, deve realizzare profitti, deve essere certificata dal Ministero e riconosciuta dal Tesoro pubblico irlandese. Il 70% delle spese deve essere realizzato nel territorio irlandese.

Nel Granducato del Lussemburgo, quali forme di incentivazione fiscale sono stati introdotti i "certificati d'investimento dell'audiovisione" (CIAV). I detentori di tali certificati ottengono un abbattimento del reddito imponibile limitato al 30% della ritenuta imponibile al contribuente beneficiario e devono rappresentare società di capitale. L'opera deve essere girata principalmente nel Lussemburgo, deve offrire prospettive di un ritorno dell'investimento e deve contribuire allo sviluppo del settore della produzione audiovisiva del Lussemburgo. Per finanziare la propria produzione, il produttore ottiene il certificato dagli organismi finanziari in Irlanda. Ma il vantaggio fiscale è minimo e dunque le società propendono per investire in altri settori. Se il sistema belga è stato creato per incoraggiare gli investitori non attivi nell'industria cinematografica e televisiva ad investire denaro in tali produzioni minimizzando i rischi dell'investitore, nel Regno Unito lo *UK film Council*[2] investe 7,5 milioni di

---

[2] *UK Film Council* (UKFC) è stata istituita nel 2000 dal governo laburista come agenzia per sviluppare e promuovere l'industria cinematografica nel Regno Unito. Essa è costituita sotto forma di società privata, limitata da garanzia disciplinata da una pensione di 15

sterline provenienti ogni anno dalle lotterie attraverso i fondi d'investimenti regionali per l'Inghilterra (RIFE) a nuove agenzie autogestite di schermi inglesi.

La NIFTC[3] è una delle più dinamiche agenzie regionali di cinema. E' stata costituita nel 1997 come compagnia limitata da un fondo di garanzia di Belfast, con la missione di sviluppare il cinema e l'industria televisiva nelle isole del nord, integrando politiche e azioni industriali, educative, culturali. La NIFTC gode di un'ampia varietà di fondi di sostegno, tra i quali due sono i fondi produttivi principali: il *Northern Ireland Film Production Fund* (NIFPF), creato nel 2003, e il fondo lotteria. I termini degli investimenti del NIFPF sono negoziati caso per caso, ma la NIFTC è un investitore equo, e anticipa i fondi recuperandoli insieme ad altri investitori simili. Il NIFPF si occupa di produzione cinematografica e di sceneggiati televisivi.

Lo *Scottish Screen*[4], invece, è stato creato nel 1997 ed è l'agenzia nazionale di cinema per lo sviluppo di tutti gli aspetti dell'immagine in movimento in Scozia. Gli investimenti della lotteria dello *Scottish Screen* sono prestiti rimborsabili. I progetti devono essere ambientati ed avere forte identità scozzese.

Infine, in Francia vige un unico meccanismo che permette una deduzione fiscale. Qui vi sono le società per il finanziamen-

---

direttori ed è finanziato attraverso fonti, tra cui la *National Lottery*. John Woodward è il *Chief Executive* di *UK Film Council*.
[3] Northern Ireland Film and Television Commission.
[4] *Scottish Screen* è l'agenzia di sviluppo nazionale per il cinema in Scozia. L'obiettivo è quello di suscitare un pubblico, e di sostenere i nuovi talenti e le imprese già esistenti, educare i giovani, e di promuovere la Scozia come un luogo creativo per fare grandi film.

to dell'industria cinematografica e l'audizione (SOFICA) istituite con la legge n° 85-695 dell'11 luglio 1985. La durata di una SOFICA è di dieci anni e i finanziamenti vengono assegnati dopo che una SOFICA ha studiato il progetto. Le SOFICA ricevono una parte dei ricavi dello sfruttamento futuro dell'opera. Altro strumento d'incentivazione fiscale è rappresentato dall'istituzione di un credito d'imposta dal gennaio 2004. Tale sistema permette alle società produzione approvate dal CNC di beneficiare di un credito d'imposta che sarà dedotto dal loro imponibile.

3.3 Il panorama nazionale contemporaneo: le condizioni per il rilancio del settore cinematografico

Il sistema italiano è finanziato da una quota delle risorse del Fondo Unico per lo Spettacolo (FUS), istituito della già citata legge n° 163 del 1985. Al cinema tocca il 25% del FUS all'anno. L'attuale sistema prevede un contributo sugli incassi (art. 10 del decreto legislativo n° 28 del 2004) e un secondo contributo sulla produzione pari, generalmente, al 50% dei costi industriali da restituire in cinque anni. Altri contributi a fondo perduto sono previsti per i distributori, gli esportatori e gli esercenti di sale cinematografiche. Sono note le vicende che hanno portato all'approvazione di una norma transitoria nella finanziaria per il 2007, in modo da consentire agli assegnatari dell'ex articolo 28 di percepire i contributi a fondo perduto. Nell'urgenza si riprende *in toto*, attualizzandola, la disposizione dell'articolo 7 della legge n°163 del 1985, integrando anche le disposizioni applicative di cui al decreto del ministro delle finanze 4 giugno 1985, pubblicato nella Gazzetta Ufficiale n° 133 del 1985. Il testo si presenta come una modifica del decreto Urbani, di cui ci si avvale per definire il campo d'applicazione e del quale non tocca i meccanismi di finanziamento, sui quali bisognerà però intervenire una volta entrato a regime il *tax-shelter*. L'idea di cinema quale vero e proprio comparto produttivo, che sta prendendo corpo, esclude che il settore possa continuare a vivere sotto forma assistenziale.

Due aspetti di grande rilevanza, troppo spesso tralasciati, sono la programmazione estiva e lo sviluppo dei cortometraggi.

Il "Giornale dello spettacolo" del giugno 2006 osserva come "ormai il quadro delle uscite cinematografiche estive in Italia assomiglia al deserto". *Cars* esce il 14 giugno in Francia e il 23 Agosto in Italia; *Garfield 2* a luglio nei Paesi europei e in Italia il 1 settembre 2007. Secondo il Presidente dell'Associazione Nazionale Esercenti Cinema (ANEC)[5] Paolo Protti, la colpa è della distribuzione. All'articolo 2 è prevista una semplice modifica dell'articolo 12 del decreto legislativo n° 28 del 2004 con l'erogazione di contributi per distributori ed esercenti a valere

---

[5] Organismo senza scopo di lucro a cui aderiscono le sale cinematografiche. L'attività dell'ANEC consiste nel tutelare e rappresentare gli interessi delle imprese associate, promuoverne l'attività, elaborare progetti e iniziative comuni.

sul fondo per la produzione, la distribuzione, l'esercizio e le industrie tecniche, qualora essi s'impegnino nella programmazione di film nuovi nel periodo estivo. Con la modifica allo stesso articolo 12 si tenta d'individuare una possibilità di sbocco in sala per i cortometraggi, tappa obbligata per i registi di tutti i generi. Il "corto" è una *chance* che permette al giovane esordiente di diffondere nell'ambiente professionale le sue opere. Il costo relativo ad un corto è inferiore a quello necessario per realizzare un lungometraggio. Inoltre un regista alle prime armi può pensare di avventurarsi nel mercato del lavoro senza rimanere troppo scottato. Per chi ha dimostrato le proprie capacità, il cortometraggio può diventare, invece, luogo di ricerca e di sperimentazione.

3.4 Una nuova frontiera: il passaggio al digitale

Non si può non trattare anche in questa sede il passaggio al digitale e all'alta definizione (HD), visto che ormai è un tecnologia che bussa alle porte del cinema mondiale. La distribuzione di domani, sulla scia di quanto già in attuazione, sarà affidata interamente al digitale in HD, vale a dire non più pellicole ma *files*. Anche in questo caso è giusto che lo Stato aiuti quanti desiderano rinnovare il proprio parco macchine di proiezione: sarebbe utile in questo caso un finanziamento dello Stato nei confronti degli esercenti che decidono di sostituire le loro vecchie apparecchiature per introdurre proiettori digitali.

Dato il collegamento sempre più stretto tra le due realtà (cinema e fruizione successiva del prodotto tramite Dvd, entrambe in digitale) è giusto che lo Stato assicuri alle aziende che operano nel settore della replicazione un sostegno per l'adeguamento tecnologico al fine di proseguire nella loro attività. Con l'articolo 3 pertanto è costituito un fondo per il passaggio al digitale e all'alta definizione, cui accedono esercenti delle sale e le imprese di replicazione che assicurano la diffusione delle opere cinematografiche a prezzi più competitivi. L'ultimo intervento previsto dalla presente proposta di legge riguarda il mercato dei supporti digitali audiovisivi, che presenta aspetti d'innovazione.

Attualmente lo strumento principe di tale mercato è il Dvd [6] che ha trovato spazio per il proprio successo senza danneggiare i delicati equilibri del sistema audiovisivo. La crescita del mercato dell'*home video* ha reso possibile finanziare produzioni cinematografiche più impegnate, in un circolo virtuoso di promozione reciproca. Inoltre, il Dvd ha rappresentato un volano di sviluppo per tutti i dispositivi digitali legati al settore del'*home entertainment*, lettori, *monitor* e diffusori presenti nelle famiglie italiane.

Le nostre imprese di produzione hanno ottenuto le più avanzate certificazioni di qualità ISO[7]. Per quanto riguarda invece la duplicazione e il *packaging* siamo all'avanguardia mondiale. E'

---

[6] Acronimo di Digital Versatile Disc (in italiano *Disco Versatile Digitale*, originariamente *Digital Video Disc, Disco Video Digitale*) è un supporto di memorizzazione di tipo ottico.
[7] Ente di certificazione che opera a livello internazionale nei settori agro-alimentare, pubblica amministrazione, servizi pubblici e socio-sanitari, turismo.

difficile sostenere che il Dvd sia solo un altro modo di sfruttare le opere cinematografiche, visto che ogni anno escono circa 2.500 opere in Dvd a fronte di poche centinaia di titoli cinematografici. Una recente ricerca dell'Adoc ha messo in evidenza che circa l'86% dei ragazzi ha scaricato o acquistato materiale pirata, confermando, se ce ne fosse ancora bisogno, che i prezzi molto alti alimentano la pirateria. Peraltro esiste disparità tra l'aliquota Iva applicata a Dvd e Cd venduti in allegato ai giornali in edicola (4%) a quella applicata agli stessi prodotti venduti al dettaglio. Inoltre, è stata calcolata un'evasione annua di 30 milioni di euro sui soli Dvd e Cd vergini. Per questi motivi, nell'articolo 5 si propone l'applicazione dell'Iva al 4% per i prodotti audiovisivi. La riduzione di quest'imposta si rifletterà sulla diffusione legale di questi prodotti.

Capitolo 4

Il Fondo Unico per lo Spettacolo

4.1 Punti di forza

Il cinema in Italia, come negli altri paesi europei, rientra nell'ambito delle attività che prevedono l'intervento dello Stato.

La *ratio* di tale intervento è di sostenere l'imprenditorialità nel settore audiovisivo, specie in virtù dei costi molto alti di *start-up* di realizzazione di un prodotto filmico. Tuttavia, da qualche tempo, la minore disponibilità dei fondi pubblici e una maggior attenzione ad un'efficiente allocazione delle risorse hanno imposto ai singoli Stati e alle istituzioni comunitarie la necessità di ridisegnare il sistema degli incentivi pubblici al cinema.

E' ovvio che, come tutte le aree destinatarie di sostegno e intervento pubblico, la tendenza all'abuso o la mancata riuscita dei progetti sostenuti rappresentano componenti di rischio molto elevate per lo Stato. A livello europeo s'invoca da più parti l'abolizione dell'intervento statale nel settore cinematografico, in quanto si ritiene che gli abusi e le modalità gestionali delle risorse disponibili abbiano provato una profonda inefficienza rispetto al raggiungimento dell'obiettivo di rafforzamento dell'industria culturale nazionale e siano lesivi della libera concorrenza sul territorio globale. In tal senso, è importante sottolineare che in Italia la legge che regola l'intervento pubblico nel cinema ha subito recentemente un grande intervento di riforma (d.l. 28/2004) orientato verso maggior automatismo, e trasparenza e consistenza rispetto alle dimensioni e alle finalità dell'intervento stesso per il settore nel suo complesso. Il finanziamento al cinema è direttamente legato al *budget* statale (in base alle modalità fissate nella legge finanziaria), risentendo dunque dell'andamento generale dell'economia nazionale e rimanendo esposto a tagli o incrementi che poco hanno a che fare con la performance del settore nel suo complesso. La disponibilità di risorse destinate al cinema è strutturata prevalentemente[1] come porzione del Fondo Unico dello Spettacolo, la quale confluisce in un nuovo Fondo[2] che a sua volta si ripartisce in cinque sottoconti corrispondenti alle cinque finalità indicate dalla nuova legge (produzione, distribuzione, esercizio, industrie tecniche, altre finalità settore cinema). I sottoconti sono alimentati secondo aliquote percentuali stabilite annualmente dal Ministro su proposta del Direttore Generale, sentita la Consulta Territoriale, e dai rientri di finanziamenti erogati a valere sulla vecchia legge, secondo i settori di provenienza.

Il sostegno si articola dalla fase di sviluppo (sostegno allo sviluppo delle sceneggiature) alla produzione (che mantiene la percentuale di destinazione più alta), dalla distribuzione all'esercizio e alle industrie tecniche. In Italia la produzione cinematografica

---

[1] Esistono, peraltro, i Fondi Lotto, Progetti speciali sulla società Arcus, ecc.
[2] La gestione finanziaria è rimasta affidata alla Sezione credito cinematografico della BNL fino al 30 settembre 2005. A partire dal 1° ottobre 2005 è stata affidata ad uno o più istituti di credito selezionati con gara ad evidenza pubblica.

viene finanziata secondo un sistema selettivo. Il sistema selettivo esprime il suo funzionamento attraverso una Commissione di esperti che opera tramite sottocommissioni specializzate per aree e sulla base di consultazioni e deliberazioni periodiche. La Commissione opera secondo una gestione accurata, programmata e con consapevolezza dei vincoli di bilancio, tenendo ad allocare risorse erogabili in tempi brevi e definiti.

Nella gestione della fase istruttoria, inoltre, si mettono in atto delle forme d'interazione con gli autori/produttori dei progetti filmici che presentano istanza di accesso al finanziamento pubblico. Per rendere ancora più informato il processo di valutazione e selezione dei progetti, la legge aggiunge una componente di valutazione oggettiva relativa sia al progetto che all'impresa, denominata nel suo complesso *reference system*. Tale componente pesa in misura diversa nel giudizio complessivo della Commissione di valutazione: nel settore dei lungometraggi di interesse culturale (IC) influisce per il 40%, mentre per le opere prime e seconde (OPS) e i cortometraggi non influisce in alcun modo.

Il *reference* applicato ai progetti (*reference* progetto) si basa sulla valutazione storica (sulla base dei premi e delle partecipazioni nei principali festival nazionali e internazionali) dei componenti tecnico-artistici del progetto e sulle performance commerciali del regista del progetto (incassi superiori a una certa soglia per almeno due film). Questo schema subisce delle variazioni a seconda del tipo (IC oppure OPS, non applicandosi in quest'ultimo caso) e del genere (documentario, piuttosto che animazione) del progetto presentato, allo scopo di utilizzare gli elementi oggettivi nella maniera più coerente e specifica possibile. Il sistema di *reference* si applica anche alle imprese di produzione che fanno richiesta di finanziamento, definendo i limiti di finanziamento ottenibile per ciascun progetto e per ciascuna impresa cinematografica.

Il *reference* impresa valuta l'impresa sotto tre aspetti:

- la qualità dei progetti prodotti;
- la stabilità dell'impresa (continuità dell'attività nei confronti dello Stato);
- le capacità commerciali della stessa (valutate sulla base degli incassi e delle vendite estere dei film in portafoglio). Il processo decisionale attualmente seguito è rappresentato con un semplice schema nella figura 1.

Il sottoconto destinato alla produzione ha la consistenza più elevata rispetto agli altri sottoconti in quanto si ritiene che il momento produttivo sia quello più oneroso e difficile in termini di pianificazione e reperimento di risorse necessarie alla realizzazione del prodotto filmico. Lo Stato partecipa finanziariamente alla produzione del progetto secondo una percentuale non superiore al 50%, calcolata sulla base del costo industriale del progetto filmico.

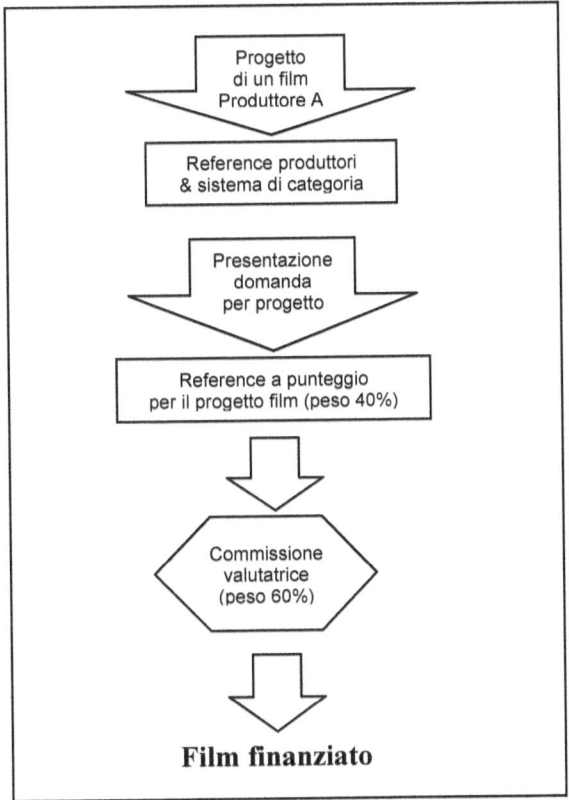

Figura 1. Il processo decisionale per la concessione dei finanziamenti pubblici.

Tale costo è il risultato delle seguenti componenti: l'80% per la realizzazione della copia campione (comprensivo delle spese generali, della *producer fee* e degli oneri finanziari), il 16% per le spese di distribuzione in Italia, il 4% per le vendite all'estero. Lo Stato individua un tetto massimo per il costo industriale, denominato costo massimo ammissibile, che varia a seconda dell'affidabilità dell'impresa (espressa in termini di punteggio di *reference*)

e della tipologia di progetto (Ic, Ops, cortometraggio).
In dettaglio, l'intervento si struttura lungo le seguenti direttrici:

- lungometraggi d'interesse culturale. Il finanziamento (coperto da garanzia) è pari al 50% del costo massimo ammissibile, che per la 1° categoria di imprese è 5 milioni di euro e per la 2° categoria è di 3,75 milioni di euro; in caso di associazione produttiva con impresa di 1° categoria (la cui quota non sia inferiore al 40%), il progetto è esaminato con un costo massimo ammissibile fino a 5 milioni di euro.

- Opere prime e seconde. Il finanziamento (anch'esso coperto da garanzia) non può essere superiore al 90% del costo del film, per costi massimi ammissibili di 1,7 milioni d'euro (imprese di 1° categoria) e 1,3 milioni di euro (imprese di 2° categoria).

- Cortometraggi d'interesse culturale. Il finanziamento garantito è pari al 100%. Il costo massimo ammissibile è di 40 mila euro.

- Film di produzione nazionale. Il finanziamento (non coperto da garanzia) non può eccedere il 70% del costo industriale, per un massimo di 5 milioni di euro.

Inoltre bisogna rilevare che in aggiunta a tutto ciò:

- sono concessi finanziamenti per lo sviluppo di sceneggiature originali, di particolare rilievo culturale o sociale con un massimo di quindici sceneggiature annue destinatarie di mutui sino a 25 mila euro per sceneggiatura (il 20% quale contributo all'autore). Il finanziamento è revocato se entro due anni non viene presentato il progetto filmico. Se, successivamente, il progetto viene riconosciuto di interesse culturale, l'importo concesso va in diminuzione del finanziamento complessivo;

- nel caso di coproduzioni, il costo massimo ammissibile considerato corrispondente alla percentuale di partecipazione dell'impresa italiana all'associazione produttiva. In caso di coproduzione maggioritaria (maggiore o uguale al 60%) coincide con il costo massimo ammissibile del progetto. Per le coproduzioni, inoltre, almeno il 30% della spesa tecnica deve essere effettuata in Italia;

- una giuria, composta da 5 personalità della cultura designate dal Ministro, seleziona ogni anno 3 progetti – tra quelli riconosciuti di interesse culturale – cui va un premio di 500.000 euro per la promozione e la distribuzione. La stessa giuria assegna i premi di qualità.

Sulla base della definizione del costo industriale, la distribuzione e l'esportazione vengono incluse sin dall'inizio nelle richieste e valutazioni di finanziamento. In particolare, dietro richiesta, il finanziamento di un film di interesse culturale può essere deliberato anche con riferimento alle sole spese di distribuzione ed esportazione, ovvero il produttore può rinunciare al finanziamento alla produzione in favore di quello destinato alla distribuzione ed esportazione. Il 50% del finanziamento all'esportazione deve essere finalizzato al doppiaggio (o sottotitolatura) in una o più lingue della Ue o dei mercati di Cina, India, Russia, Giappone.

Per l'esportazione, inoltre, le risorse destinate sono ripartite tra le imprese esportatrici, in base ad una media ponderata delle percentuali relative ai due seguenti parametri:

- l'importo complessivo delle cessioni ad imprese estere di diritti di film di interesse culturale nell'anno solare precedente (pari all'80%);

- il numero d'ingressi realizzati all'estero dai film di interesse culturale (20%).

Inoltre sono stati previsti dei contributi automatici alla distribuzione, indirizzati ai film di interesse culturale, al fine di incentivarne la circolazione, ponendo particolare attenzione alle opere prime e seconde e al calendario del piano di uscita.

I finanziamenti sono, quindi, concessi per una serie di iniziative legate al miglioramento della fruizione del prodotto cinematografico in sala con strumenti di relativa flessibilità economico-finanziaria che agevolino soprattutto le situazioni disagiate e le iniziative legate alla diffusione della cinematografia nazionale ed europea.

Nella fattispecie sono concessi contributi a tasso agevolato e in conto interessi per mutui e locazione finanziarie (massimo 15 anni) per iniziative volte a:

- realizzazione o ripristino sale inattive, ovvero per la trasformazione di sale esistenti (acquisto locali e servizi, aumento numeri schermi);

- ristrutturazione e adeguamento sale esistenti;

- installazione, ristrutturazione e rinnovo apparecchiature, impianti e servizi accessori.

Inoltre lo Stato sostiene anche le iniziative di promozione del cinema sul territorio nazionale ed extra-nazionale. Tra queste iniziative ci sono festival come la Mostra d'Arte Cinematografica di

Venezia o il Festival di Torino. La *ratio* seguita è volta a privilegiare le iniziative che abbiano una rilevanza culturale e territoriale con l'ottica di stimolare un maggior coordinamento sia con le autorità locali di riferimento che con le altre iniziative presenti sul territorio nazionale.

Bibliografia

- Alberstat, P.: 2004, *The insider's guide to film finance*, Focal Press.

- Ammendola, M.: 1994, *Il film pubblicitario*, in Aida, 46.
  - 1989, voce *"Diritto di autore"*, Dig. It., Utet, Torino.

- Aprea, A.: 1997, *Le operazioni a termine*, Intervento al 16° Seminario nazionale per giovani cambisti – Forex Club Italiano, Angera.

- Ascarelli, T.: 1960, *Teoria della concorrenza e dei beni immateriali*, Giuffré, Milano.

- Auteri, P.: 2001, in Aa. Vv., *Diritto industriale. Proprietà intellettuale e concorrenza*, Giappichelli, Torino, p. 539.

- Banca dei Regolamenti Internazionali: 2003, *Nuovo Accordo di Basilea sui Requisiti Patrimoniali*, Basilea.

- Bertani, M.: 2002, *Videoclip, opere audiovisive e diritto d'autore*, in Aida, p. 367.

- Biondi, C.: 2000, *Controllo e pianificazione della produzione audiovisiva*, Dino Audino Editore, Roma.

- Capaldo, P.: 1998, *Reddito, capitale e bilancio di esercizio. Una introduzione*, Giuffrè, Milano.

- Cones, J. W.: 2008, *43 Ways to finance your feature flm: a comprehensive analysis of film finance*, Southern Illinois University Press.

- Davies, A. – Wistreich, N.: 2007, *The film finance handbook: how to fund your film,* Netribution.

- Dean, Carole L.: 2007, *The art of film funding: alternative financing concepts*, Michael Wiese Productions.

- De Sanctis, V.M. : 1999, *La protezione delle opere dell'ingegno*, Giuffré, Milano.

- Fisicaro, E.: 2006, *Diritto cinematografico*, Giuffré, Milano.

- Gabrielli, M. - De Bruno, S. : 2001, *Capire la finanza*, 9ª ed., Il Sole 24 Ore, Milano.

- Gamaleri, G.: 2006, *Lo scenario dei media*, Edizioni Kappa, Roma.
    - 2004, *La fabbrica dell'immaginario. Produzione e consumo delle idee*, Edizioni Kappa, Roma.
    - 2001, *La galassia dei media*, Edizioni Kappa, Roma.

- Gazzoni; F.: 2001, *Manuale di diritto privato*, Esi, Napoli.

- Hull J. C.: 2003, *Opzioni, futures e altri derivati*, 3°ed., Il Sole 24Ore Spa, Milano.

- Imca : 2001, *Identification et Evaluation des Flux Economiques et Financiérs du Cinèma en Europe et Comparaison avec le Modéle Américain*; Rapporto per la Commissione Europea, Studio n. DG EAC/34/01.

- La Torre, M.: 2006, *La Finanza del Cinema*, Bancaria Editrice.

- Levison, L.: 1998, *Filmakers and Financing. Business Plan for Independents*, Local Press.

- Macchitella, C. – Abruzzese, A.: 2005, *Cinemitalia 2005 – Sogni industria tecnologie mercato*, Marsilio Editori, Padova.

- Neumann, P.: 2002, *The Fine art of Coproducing*, Media Business School Publication, Madrid.

- Oppo, G.: 1969, *Creazioni intellettuali, creazioni industriali*, in Riv. dir. civ., I, 16.

- Organismo Italiano di Contabilità, 2006, OIC 3, Final draft.

Bibliografia

- Osservatorio Italiano dell'Audiovisivo: 2005, *Il mercato cinematografico italiano*, Cinecittà Holding Spa, Roma.

- Pasetti, A. M.: 2003, *Soldi dall'Europa*, in Box Office, gennaio.

- Perretti, F. – Negro, G.: 2003), *Economia del Cinema, Principi economici e variabili strategiche del settore cinematografico*, Etas, Milano.

- Petrocchi, F.: 2001, *Le risorse dell'Industria Cinematografica in Italia*, in Economia della Cultura, vol. 1, Il Mulino, Bologna.

- Piola Caselli, E.: 1927, *Diritto d'autore*, Utet, Torino.

- Rocca, C.: 2003, *Le leggi del cinema. Il contesto italiano nelle politiche comunitarie*, Franco Angeli, Milano.

- Salvemini, S.: 2002, *Il cinema impresa possibile*, Egea, Milano.

-Toffetti, S.: 2000, *Distribuzione*, in: Enciclopedia del cinema, Treccani, Roma,

- Ubertazzi, L. C.: 1997, *Diritto d'autore, cinematografia ed emittenti*, in Aida, p. 519.

- Univideo, Prometeia: 2006, *Rapporto 2006 sullo stato dell'editoria audiovisiva in Italia*, Univideo, Agenzia per lo sviluppo dell'editoria audiovisiva, Milano.

- Verna, F.: 2007, *Finanza Strutturata*, Lulu, Morrisville, USA.

Emerografia

- Caleri, F.: 2007, *In pista una banca ad Hoc per finanziare il Cinema*, Il Tempo.

- Cabona, M.: 2007, *Sono pronto a finanziare le opere italiane*, Il Giornale.

- CinecittàNews, 2007, *In Arrivo una banca privata per il Cinema?*

- Fassari, L.: 2007, *Finanza sul grande schermo*, Il Sole 24Ore.

- Festa, C.: 2007, *Hedge a caccia di divi*, Il Sole24Ore.

- Off News: 2007, *Si crei una banca privata che finanzi il cinema.*

- Il Meridiano: 2007, *Una banca per il Cinema.*

- Italia Oggi: 2007, *Presto la nuova banca del Cinema.*

- Italia Sera: 2007, *Finanza Innovativa e Settima Arte*, Il Sole 24 Ore,

- Plus24: 2007, Recensione di *Finanza Strutturata*,

- Ravalico, M.: 2007, *Una banca per il cinema serve anche in Italia*, Libero Mercato.

   - 2007, *Cinema: a Cannes i nuovi "Mecenate"*, Libero Mercato.

- TG Fin: 2007, *Riscossa del Cinema Italiano*

Webgrafia

www.bancaperilcinema.it

www.fabioverna.com

www.sec.gov

www.cnc.fr www.consob.it

www.filmcouncil.org.uk

www.dreamworks.com

www.peacefulfish.com

www.pinewoodshepperton.net

www.sjberwin.com

www.bakerstreetfinance.tv

www.tax-shelter-report.co.uk

www.bancaperilcinema.it

www.ilsole24ore.it

www.ilgiornale.it

www.libero.eu

www.italiasera.com

www.tgfin.it

www.ilmeridiano.info

www.taorminafilmfest.it

www.osservatorio.cinecitta.com

www.ilquotidianodelcinema.tv

www.ottoemezzogold.blogspot.com

www.wikipedia.org

www.dt.tesoro.it

www.abanks.it

www.tecnoborsa.com

www.tuttalafinanza.it

www.lastampa.it

www.ansa.it

www.economia.repubblica.it

www.ingramcontent.com/pod-product-compliance
Lightning Source LLC
Chambersburg PA
CBHW031545210526

45464CB00003B/1164